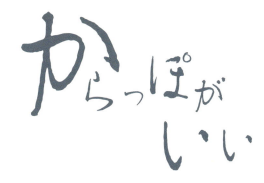

からっぽがいい

ネパールの山奥を歩き続けた
リュック一つのNGO、OKバジ

垣見 一雅

サンパティック・カフェ

目次

無音のご馳走	6
感謝と知足	8
不便と工夫は表裏一体	10
最後に残るのは？	12
一日一捨	14
金生があるなら	16
100円の価値	20
生きる価値	22
コラム　二駅貯金	23
Get vs Give	24
小さなことから	26
あるもので　今から　ここから　自分から	28
自分が変わる	30
コラム　私が変わった5つのこと	32
コラム　馴染みにくかったネパールの習慣	33
はじめの一歩	34
百見は一行に如かず	36
よろず屋バジは bottom-up 式	38
ほめ言葉と感謝	40
Mr. ああ言えばこう言う	42
ありがとう、おかげさま、もったいない	44
コラム　相思相愛の村1　〜ドゥワルガ村〜	46
コラム　相思相愛の村2　〜ブトゥケ村〜	48
コラム　相思相愛の村3　〜ベテニ村〜	50

両者のおかげで	52
ハガキ一枚の力	54
村人たちにもらったものは？	56
共に与え、与えられ	57
バジはどんな時に幸せ？	58
コラム　幸せを感じるとき	61
"今"の中に幸せを If you are not happy now, you may never be.	62
コラム　金に目が向く	64
コラム　3品目と30品目	65
がんばらない、でも続ける	66
時を待つ	66
喜びの連鎖	68
叫びへの支援	70
支援は子育て	71
教育の力	72
諸々の収入向上計画	74
支援の極意　呼び水支援	82
コラム　居住ヴィザ（residential visa）取得作戦	84
25年という年月	86
記録は残すものではなく残るもの	88
人生の花は	90
Young Nepal	92
あとがき	94

からっぽがいい
時もからっぽ
頭もからっぽ
箱のなかもからっぽ
からっぽになると
心は自由
風のように自由

便箋に印刷されていた詩より

　からっぽの自由に満たされ
　　リュックは一つ
　　　村人に両手を合わせ
　　　　村から村へ
　　　　　二本の足で
　　　　　　今日も歩いていく

無音のご馳走

25年前、
ネパールの山奥のドリマラ村に住み始めた頃、
水道はない、トイレはない、電気はない、
車が入る道もない。

こうしたないないづくしの村の生活は、
私に忍耐と工夫を教えてくれた。

日本では、あれもない、これもないと
ないものに目も心も向いていた。

ネパールの山奥では、
あれもある、これも与えられていると、
ある方に目と心が向いた。

その分だけ、
村では心が満たされたかもしれない。

人工の音は何もなかった25年前。
そのとき風の音、雨の音。虫の音色。小鳥の音。
無音という音も御馳走だった。

感謝と知足

蛇口から水が出て感動。
その水が飲めてさらに感動。

不足は悪くない。
小さなものへの感謝の気持ちを起こさせてくれる。
不足は感謝と知足への早道なのかもしれない。

ドリマラ村の朝は、水汲みから始まる。
20分かけて確保する10ℓの水。
そのうちコップ一杯の水で顔を洗い、首筋や腕のほこりを落とし、歯も磨く。

ブトゥケ村の村人たちは、朝4時に懐中電灯を手に水場まで下り20分、順番待ちで10分、25ℓの容器に水を満たし30分かけて上ってくる。毎朝1時間の仕事だ。

そんな村人たちが汲んできた水をいただくのも気がねしてしまう。
他の村から2時間、3時間と歩き、汗びしょびしょになってブトゥケ村に着いた私は、遠慮がちにコップ一杯の水を所望した。タオルに一滴の水も落とさぬように染み込ませ、腕を拭き、体を拭いてさっぱりした。
コップ一杯の水にも感謝の気持ちが湧いた。

10日間味わった不便の後、
「当たり前は当たり前でなく、すべてに感謝」
という言葉を生んだ学生ボランティア団体。

日本ではシャワーが24時間使える。
しかも湯が出る。
飲み水で入れた湯船に浸かる。
どれもネパールの山奥ではミラクル。

不便が増せば工夫も増す。
不便さは教師になってくれる。

不便と工夫は表裏一体

カリバン郡ボリポカラ村で、日本のある学生ボランティア団体が、10日間のワークキャンプを行ってくれた。
村の集会所を建てるための基礎造りが主な仕事だった。

この村は水の便が悪い村だ。仕事で汚れた体を洗う水、自分たちが使うトイレの水、飲み水、料理に使う水など、すべて自分たちで確保しなくてはならなかった。

日本へ帰国したこの学生団体は、キャンプの様子を仲間400人ほどにDVDで上映した。
その報告会に招かれていた私は、
"当たり前は、当たり前でなく、すべてに感謝"
というDVDの結びの一文が忘れられない。

11

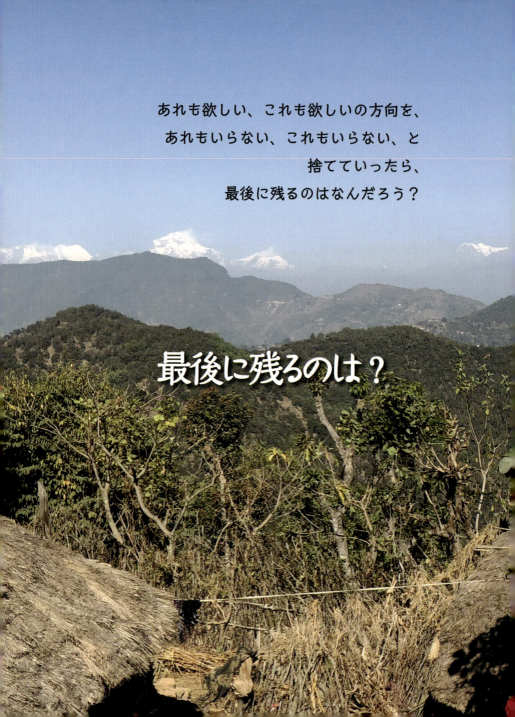

あれも欲しい、これも欲しいの方向を、
あれもいらない、これもいらない、と
捨てていったら、
最後に残るのはなんだろう？

最後に残るのは？

「東京の大丸デパートに行かない？」
身辺整理のできている老婦人に誘われた。
「何を買いに？」と僕。
「どのくらい、いらないものがあるのか、見に行くの」と彼女。
ネパールの山奥の村人たちは身辺整理はいつでもできている。

一日一捨

一日一捨。今自分の憧れ。
ネパールの山奥で、
幸せを味わうには多くはいらない。
小さなことに感謝できる心があればいい。

一日一善（一日に一回は何かいい事をしよう）
一日一謝（一日に一回はたとえ小さなことでも感謝しよう）
一日一禅（一日一回は一日を振り返って反省しよう）
一日一捨（一日に一回はいらないものを捨てていこう）

6畳一間の館のある、ドリマラ村に住み始めた25年前、退屈しのぎに言葉遊びで一枚の紙にこう書いた。
物に押しつぶされそうな日本での生活の数十年後、ネパールで、あれもない、これもない生活を始めた。物から解放されたなんとも言えない心地よさを、今でも憶えている。物のほとんどない村の生活は、物欲と縁を切るのにさほど難しくなかったような気がする。

一日一捨と書いて捨てたかったのは、自分の心の中にある諸々のネガティブなものだった。
健康のために一日一万歩歩こうと決める。
しかし、毎日頭をもたげる怠け心との闘いだ。
「身障者が困っているから会いに行ってやってくれ」と頼まれる。すぐに「何時間かかる？」と聞いてしまう。
自分優先の証拠だ。利他にはほど遠い。

今退治できていない諸々の荷は一生捨てきれず、
背負ったままあの世行きということなのだろう。

金生があるなら

人に人生があるなら、金にも金生がきっとある。
金生を輝かせるには、
問題を抱えている人たちの
笑顔を取り戻すために金を使うことだ。

金生を生かすも殺すも人の心しだいだ。
ネパールの山奥では金生を活かす道も場もいくらでもある。

ガルダ郡ガブダーダ村にティラック・サル君という27歳の青年がいる。彼は15歳のとき心臓の欠陥が見つかり、手術を余儀なくされていた。
時期が悪く、私の銀行口座には8万円しかなかった。
ありったけを支援し、カトマンズの病院へ送った。
病院側の理解、政府の補助もあり、手術は成功した。
今は一男一女の父で元気に日々を送っている。

あのとき銀行口座の8万円に活躍してもらってよかった。
あの8万円は今もニコニコと笑ってティラック一家を応援してくれているだろう。

私はカトマンズでは、元王宮周囲 2.5km を 2 周し、朝の散歩としている。そこにいつも物乞いの老女がいる。
毎朝私は 10 ルピー札（約 10 円）を持って出かける。
物乞いの老女に 10 ルピーを渡すとき、
「元気ですか」と声をかける。
私の 10 ルピーの重さと彼女の 10 ルピーを、つい比較してしまう。
私が渡す 10 ルピーは、きっと何倍かの重みで彼女のために活躍してくれるだろう、と。

時々村々で、青年たちや母親になったばかりの女性たちと、昔話をすることがある。
「昔、このチョーパリ（休息所）で OK バジからアメをもらった」と青年。
「昔、OK バジに写真を撮ってもらって、今その写真を大事にしてるわ」と若い女性
そんな小さなことまで子どもたちの心の中に残っている。そう思うことが多くなった今、私の銀行の口座を飛び出して活躍する金、人の心の中に入り込んでいく金の活躍を思うと、ますます価値あるものへの投資に心がはずむ。

100円の価値

自分の100円と
村人の100円の価値を比べる。
価値の大きい方に投資することだ。

村では30円で1kgのくず米が買える。
明日どころか、今日の米に困る人には1kgの米は重い。

もし私に10円寄付してくれたら、2人の子どもたちにペロペロキャンディをプレゼントし、2人の笑顔を見よう。

もし私に100円寄付してくれたら、食用油も買えない家庭に行って、500mlの油と洗濯石鹸をプレゼントしよう。

もし私に1,000円寄付してくれたら、50人の子どもたちに1冊20円のノートをプレゼントし、子どもたちが喜ぶ姿を写真に収めドナー（寄附してくれた方）に報告しよう。

もし私に10,000円寄付してくれたら、母子家庭の家に山羊を支援し、大きく育ててねと頼み、2年後を楽しみにしよう。

もし私に100,000円寄付してくれたら、学校に基金として預け、その利息でノートを子どもたちにプレゼントしよう。私が死んだ後も、ずっと子どもたちを励まし続けてくれるだろう。

生きる価値

自分がこの世を通過した一人ぶんだけ、
この世に役立つことができれば、
それで充分だ。

『巣から落ちた小鳥の卵を巣に返してやることができれば、あなたの人生はそれだけで生きる価値があった』という詩があった。
子どもが木から落ちて足を骨折した。
病院で治療してもらって走れるようになった。
私にも人生を生きる価値があったと信じよう。

コラム　二駅貯金

ネパールでは山道を毎日歩いているけれど、日本へ帰ったときは脚力が衰えぬように、一日一万歩を歩くようにしている。
日本での滞在先は娘のところだ。娘の家の最寄り駅へは行かず、二つ目の駅まで歩くと徒歩約25分、歩数にすると3,000歩稼げる。と同時に150円倹約できる。
150円で、ネパールの山奥の村人たちがいつも食べているくず米5kgが買える。

17年前、この二駅貯金で12,000円稼いだ。
ネパールへ戻り、そのお金で400kgの米を買い、その日の米に困っている家庭8世帯に50kgずつ支援した。
親子が米を取りに来た。母親と一緒に来た少年は12歳だった。
私が「これ、君たちへのプレゼント」と言って50kgの米俵を指さすと、少年はいきなりその米俵を抱きかかえキッスをした。
私が喜びをもらった瞬間だった。
少年の飾り気のない純粋な喜びが、その後ずっと二駅貯金を続ける原動力となり、私に喜びを与え続けている。

Get vs Give

Get しているうちは生活。
Give して初めて人生が始まる。
Successful な人間は take する。
Useful な人間は give する。
後者は誰でもなれる。

世で言う成功者になるのは難しくても、
役に立つ人間になるのは誰にでもできそうな気がする。

成功者は、何人が仕えたか。
役に立つ人間は、何人に仕えたか。
天の物差しの軍配はどちらに？

シルワ郡チース村は16世帯しかない小さな村だ。
そこのリーダー格のウマン・シン・タパさん。
ここを訪れる日本人たちは誰もが、彼の柔和な笑み、物静かな話しぶりと態度に心が癒されるという。
彼には小学校を出るチャンスもなかった。
しかし、人生を生き抜く知恵と技能は半端ではない。
家々を造り、橋を架け、灌漑用水路を掘る。

村々を歩いていると、学校にも行けず、読み書きができない人のなかにも、よく人の話を聴き、その場のニーズを察して身軽に行動を起こし、暖かい笑みを絶やさず、人に手を貸すのを喜びとしている人がよくいる。
心が満たされているのだろうか。
自分の国の首都カトマンズがどの辺にあるかも知らず、名もなくただ黙々とするべきことをし、一生を終えていく人たちだ。
世間的な成功者とは言えなくても、人生の成功者と思える村人にはあちこちで会える。そういう人たちに共通して言えることは、人の役に立とうという気概だろうか。

succesful でなくとも useful な人間でいることは自分にもできそうだ。

小さなことから

小さなことだから、私にもできた。
小さなことなら、誰にでもできる。
でも始めるのは自分からだ。

一人では何もできない。
でも一人から始めれば何かが起こる。

山奥の村々を日本の善意が変えた。
村々は私を変えた。
今も村の生活は、私の教師だ。

世界を変えることはできない。
でも自分を変えることはできる。
この 25 年間、ネパールを変えることはできなかった。
でも、コミュニティの一部を変えることはできた。
ただそれ以上に
自分を変えることができたことは確かだ。

If I cannot do great things, I will do small things in a great way.
（大きなことができなければ、小さなことをしっかりやろう）
カナダで出会ったこの言葉は、私をずっと支え続けてくれた。
今まで支援を続けられたのは、一枚のハガキの力のおかげだと、今になって思う。そしてさらに、一村一村訪ね歩いた、一歩一歩のおかげだろう。
パジェロも入ることができない村々に、私の11ナンバー車（2本の足）は、日本の善意を届けてくれた。
この25年、小さなことをしっかりできたと信じたい。

小さなことしかできない自分。
でも小さなことだからこの自分にもできた、
と考えよう。

あるもので
今から ここから 自分から

「あるもので　今から　ここから　自分から」
これが支援の一歩だろうか？
すべて足元、目の前の問題を片付けることから
支援が始まる。
支援を難しく考えず、できることを、できる
ときに、できる人がすれば、何かが生まれる。

あるアメリカのマラソンランナーに
「Why do you run?（なぜ走るの？）」と尋ねた。
「Because I can.（できるから）」だった。
「なぜ支援を？」と尋ねられたら
「Because I can.（できるから）」と答えよう。

シルワ郡タマカニ村。
25年前のこと。この村で学校に行っていない子どもたちを、集めてもらったことがあった。
学校に行けない主な理由は、貧困だった。

真冬で私は綿入りのハンテンを着ていた。
ところが集まってくれた5人のうち3人は、ほとんど裸に近い状態だった。
信じられなかった。
この寒さの中でかわいそうに、という哀れみの気持ちにかられた。と同時に、それまで着るものに感謝の気持ちを持ったことのない自分に、反省し感謝もした。
そして、自分が着ている暖かさを君たちにも味わってほしいと支援が始まった。
窮状を耳にするだけではなく、自分の目で見、心で感じることで支援が早まった。

私がこれまで25年村々でさせてもらってきたことを、支援活動と言っていいなら、それはすべて現場で生まれ、現場で行なわれたものばかりだった。

自分が変わる

習慣も、物の考え方も、
生まれ育った環境も違う異国の地で、
人といい関係を築くには、
自分を変える以外にない。

自分が偉いと思うと、相手を受け入れにくくなる。
相手を信じられなくなり、事業を任せられなくなる。
こうなると、気苦労ばかりが増し、支援の効果が減る。

Nepal はこうあるべきだと
Nepal 側に変わることを求めた外国人たちに、
「Nepal is here. To change you, not for you to change Nepal」
(ネパールがここにあるのは、あなた方を変えるためであって、あなたがネパールを変えるためではありません)
とネパール側が言った。
ネパールは本当に私を変えてくれた。

この 25 年間、
ネパールの生活は、自分を育てる道場だった。

コラム　私が変わった5つのこと

1. 水がない村々ではコップ一杯の水に感謝の心が芽生え、100円で3kgの米が買えることを知れば、100円の重みを教えられる。寒さの中、毛布一枚で縮こまって寝ている姿を見れば、自分が使っている暖かい寝袋に感謝し、村々を廻って日本からの善意を届けられるエネルギーに感謝する。日本にいた頃より、小さなことに感謝するアンテナが鋭くなっていると思う。

2. 「もしそうなったらどうする」に対し、ネパール人は「そうなったら考えましょう」と答える。その考え方がかなり身についてきた。　以前よりのんきになってきていると思う。

3. これから食べようとする食べ物に、ハエがたかっていても気にならない。

4. 支援のスピードが以前より速い。即決しないと同じ場所に再び来るのに時間と労力がかかるためだ。

5. ネパールでは時間通りに事は決して運ばない、と思うように努めているけれど、やはり期待しがちだ。以前より、いらいらが少なくなっていると思う。

それでもやはり、一番感謝したいことはやはり不足が教えてくれた知足と感謝だ。

コラム　馴染みにくかったネパールの習慣

* ネパールに住んで25年経った今でも馴染めないのが、ネパールタイムだ。「引き渡し式を11時から始める」と約束する。11時5分前ぎりぎりになって行っても、誰もいない。始まるのは12時だ。またかといつも思う。ネパール人にとっては、30分や1時間の遅れは特別なことではない。こちらのいらいら時計を、あちらののんき時計に合わせる以外にない。

* ホテルに泊ったとき、ネパール人が私を訪ねてくる。誰一人として、ノックをする人はいない。ガチャガチャといきなりノブを廻し戸を開けようとする。これは慣れないと驚くものだ。

* ネパール人の友人たちはごちそうになっても、日本人のように「ごちそうさま」とはまず言わない。感謝の気持ちは言葉に出さないらしい。慣れないときはなんとなく物足りなさが残った。今はすっかり慣れてしまい、「Thank you.」などと言われると戸惑ってしまう。

* ネパール人と仕事をするとき、あるいは仕事を頼んでおくとき、準備を前もってすることは本当に少ない。行き当りばったりがほとんどだ。私は昔よく、「もしこうなったらどうする」と仮定付きの質問をしていた。答えはいつも、「そうなったら考えましょう」となる。そしてその場になるとそうなるから不思議だ。私もネパール式にすっかり慣らされてしまった。の〜んきでいい。もしそんなことしたら死んじゃうよ、死んだら考えましょう、となるのか。

はじめの一歩

考えすぎて、はじめの一歩を踏み出すことが
できなかったことを、後悔したことは多い。
踏み出してしまったことを、後悔したことは少ない。

当時、ネパール全体で20万人いると言われていた身障者。
我々が手当を支給できているのは80人のみ。
「焼け石に水」とつい友人に愚痴めいた言葉を言ってしまった。
彼は即「何もしないよりまし」と返してくれた。

12年前のこと、ガルダ郡ドウガナベシ村に筋ジストロフィの33歳の男性がいた。今は亡くなったけれど、彼は私に大きな教訓を遺してくれた。

初めて会ったとき、横になったきりの彼に尋ねてみた。
君が一番幸せを感じるときは？　と問うと、
「友人が遊びに来てくれるとき」
「弟が買ってくれたラジオを聴いているとき」
「肉を食べているとき」という答えだった。

電気のないその村でラジオを聴くためには、バッテリが必要だった。バッテリ代、肉代などを計算してみると、1ヵ月100円あればどうにかなることがわかった。
そこから身障者に対する1ヵ月100円の手当の支給プログラムが始まった。

その後、ドウガナベシ村をモデルとして、8つの郡に10万円ずつの基金を支援し、その利息で手当を支給する支援が始まった。1ヵ月100円。我々にもできる額だった。
いつのときも難しい"はじめの第一歩"を、筋ジスの男性が踏み出させてくれた。
今、ネパール政府の力で、身障者に手当が支給されている。

百見は一行に如かず

「百聞は一見に如かず」と言う。
けれど現場で実行してみると、
「なるほど」とよくわかる。
「百見は一行に如かず」だ。
支援は目の前の問題をどのくらい、
第一人称で考えられるかにかかってくる。

25年草の根の人々のいる現場で生かされてきた。
そんな人たちと同じ目線に立つのは難しかった。
でも自分の親だったら、
自分の子どもだったらと
目線を近づける努力をすることで、
少しは悩みがわかるようになった。

支援を行なうとき、「同じ目線で」と不用意に私は言っていた。よく考えると、これは無理だ。でもできるだけ、という努力は必要だろう。

支援する側はほとんどの場合、村人とは比較にならないほど恵まれた生活をしてきている。
でも彼らの環境に、たとえ一日でも二日でも身を置き、同じものを食し、同じ場で過ごすことで、彼らは心を近づけてくれることは確かだ。少しでも目線が近づけば、彼らの悩みも問題も、理解しやすくなり、こちらの思いやりの気持ちも深くなり、彼らの我々に対する信頼も深まると思う。町のオフィスでのコンピューター管理だけでは、心を通わせにくい。

見たり聞いたりしただけでは、支援はわからない。行なってみて初めてわかる。目の前に問題を抱えている人を見れば、思いやりの心が芽生える。自分に照らしてみれば、自分の恵まれていることに感謝できる。
そこから支援が始まる。
現場へできるだけ行く、または、できるだけ現場にいることが必要だ。

よろず屋バジは bottom-up 式

「これがあれば便利だろう」と、
支援者側が考えたやり方で支援するのは、
危険だ。

「腹をすかしているときに、衣類の支援があっても」と村人。
top-down 式では支援はうまくいかない。

私がいつも歩き廻っている東パルパ地方には、たくさんのNGOが入っている。
それらの支援方法の多くは、自分たちで支援内容を決め、その方針に従って事業を行うtop-down式のものだ。
村人たちが病に苦しんでいても、自分たちの支援内容に医療関係がなければ手を貸すことはない。

私を通しての支援方法は、まず村人たちに何が今問題かを尋ね、そのニーズに応えていくbottom-up式のものだ。
したがって、我々のところには種々雑多な要望が集まる。
飲料水、校舎、橋、生活道、灌漑用水路、収入向上、病人、奨学金、ソーラー、バイオガス、トイレ、コンピューター、ヘルスポスト、女性の地位向上のための支援等、よろず屋だ。
人助けと思えば、どうしてもよろず屋にならざるを得ない。

今考えると、こういう支援をすることができたのは、日本の皆様の善意と信頼が長い間私を支えてくれたからだ。
こんな支援方法も人助けの一つと思っている。

ほめ言葉と感謝

支援にはよい人間関係をつくることが大切。どんな支援も人が関与しないものはない。したがって人と人との信頼関係がうまくできている間は、少々厄介なことが生じても解決できるものだ。

ガルダ郡ラングア村でのこと。
幼児教室を作るための10万円が、学校長の個人的な目的に流用されてしまった。私の不注意からだ。
お金を渡すときほとんどの場合、村人たちの前で渡している。皆の前で渡せば、そのお金に村人たちの目が光っているので、個人的に流用しにくい。いつもそうしていたのに、このときは、校長を信じて小切手を直接渡してしまった。
教室の建設が6ヵ月たっても始まらなかった。
村人たちになぜ始めないのか尋ねた。建設の話は聞いていないという。

私にとって、こんなことは初めてだったので焦った。
村人たちの前で校長に問いただすのは避け、タンセンという町まで来てもらった。できるだけ穏やかに遅くなった理由を校長に尋ねると、流用したことを謝罪し、できるだけ早く工事に取りかかることを約束してくれた。
校長は村人に詫び、私にも詫び、人間関係は損なわれずに済み、結局一年遅れですべて解決した。
そうして、完成時に私はいつものように、村人の対応の適切さと、工事の速さと、"出来栄え"をほめた。そして私の不注意を快く許し、協力を惜しまなかったことへの感謝を述べた。
ほめ言葉と感謝。この2つはいい人間関係を保つための基本ルールだと思っている。

41

Mr. ああ言えばこう言う

話の途中で腹が立ち始めたとき、
『さからわず　すべてを聞いて　従わず』
という川柳を思い出すように心がける。
ネパール語でディスカッションして
勝てるはずがない。

次々に来るたくさんの要望のすべてに応えられるわけではない。
無理な要望と判断すれば、ずるずると希望を与えるよりも、
No. とはっきり断るほうがいい。

はっきりと断っても、「でも、でも」と窮状を訴え続けてくることがある。次の陳情者が後に控えているときは、だんだんいらいらが増してくる。

こんなとき相手の話をただ黙って聴くことにしている。反論は禁物だ。ほとんどの陳情者は話し終われば気が済むようだ。陳情者も大切な時間と、時にはかなりの費用をかけて来てくれる。最後まで聴くのが礼儀だろう。

忍耐力をつける訓練の場でもある。

ジャミレ郡モテカラック村の小学校に、私の苦手な男性教員がいた。

大きな声で私の耳元でとめどなく話す。押しが強く、自分の要求が通る、というより通すまで後に引かない。

私は彼を"Mr. ああ言えばこう言う"と言っていた。

その彼の手口はいつもこうだ。

たとえば、いすが5脚必要なときは「15脚あればいい」と言う。そう言っておけば0になることはない、と思ってのことか。

ひととき、この彼との商談には手こずったけれど、今はモテカラックにはいない。他県に異動があったからだ。

今になると彼には、交渉のテクニックと"忍"を教わった。いい体験だった。

ありがとう、おかげさま、もったいない

「おかげさま」をお守りに生きろ、という
素晴らしい言葉に出会った。
村人に合掌する心があれば支援はうまくいく。

山奥の村人たちと
「ありがとう」「おかげさま」「もったいない」
を交わして生きれば、仲良くくらしていけるかもしれない。
うまくいった支援の背後には、
いつも相互感謝と相思相愛が感じられる。

シルワ郡ハッティア村でのこと。
日本からの10人のグループは「夕方5時に着く」と、村のリーダーに予告しておいた。
ところがジープの故障で夜8時になってしまった。
このあたりでは、まだ携帯電話は普及していない頃のこと。
待ち疲れ、今日は来ないと判断して床に就いていた村人たちを、我々は戸を叩いて起こした。
すぐに起きてくれた代表者は、「大変だったね」と言いながら、家族に何やら指示した。それから村人たちは我々のために夜10時まで料理と格闘し、御馳走してくれた。

「我々の学校を作ってくれた日本からのお客様だ」
「こんな遠くまで来てくれて申し訳ない。皆さんのおかげで子どもたちが新しい教室で勉強できる」
そう感じてのおもてなしだったのだろう。

「ありがとう」「おかげさま」「もったいない」
どの言葉も相手を敬う意味合いを含んでいる。
この3つを我々一人ひとりの心の根に据えていれば、きっと人間関係はうまくいくだろう。

コラム　相思相愛の村1　～ドゥワルガ村～

ミッテル郡にドゥワルガという村がある。
その村の人たちは日本人客に惚れ、日本人客は村人たちに惚れている、相思相愛の関係だ。仲人はこの私、OKバジ。

このドゥワルガ村は、ミッテル郡の中では最も開発が遅れていた。初めて私がこの村を訪れたとき、第一の問題は飲料水だった。この問題は1年後に解決できた。
その1年の間、数度工事の進ちょく状況を見に足を運んだ。そのときいつも、村の男性が5～6人で、とうてい食べ切れないほど何種類も料理を作る。名物はサモサ。1つ食べたら腹9分目になるほど大きく、しかも鍋から取り出すのを待つように、熱々を食べさせてくれる。
料理をしているときも、酒を飲んでいるときも笑いが絶えない。陽気な村人たちだ。いつ行っても居心地がいい。

その最大の理由は、村が一つにまとまっていること。我々に対する歓迎を村全体で行い、我々に快感と親近感を与えてくれることだろう。
日本人客も一度ここへ来ると、はまる。惚れた弱みで、何か村人が喜んでくれることをしたくなる。村人たちが少々厚かましくなっても、事業の工事が遅れても、あばたもえくぼになって欠点も見えなくなってしまう。人徳ならぬ村徳のようなものだ。

こんなわけで次々に開発が届き、この10年でほとんどのニーズは満たされた。
相思相愛による上昇のスパイラル現象なのか、互いに、あなたのためなら、え〜んやこ〜ら、とばかり情熱を燃やす。人と人との関わりも、いつもどこでもこうありたい。
ドゥワルガ村へどうぞ。いつでもご案内しますよ。惚れること請け合いです。

コラム　相思相愛の村2　～ブトゥケ村～

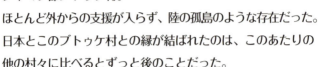

ジャミレ郡ブトゥケ村。
ほとんど外からの支援が入らず、陸の孤島のような存在だった。日本とこのブトゥケ村との縁が結ばれたのは、このあたりの他の村々に比べるとずっと後のことだった。
ここの最大の問題は、飲料水だった。
現地を訪問してみるとすぐ、我々の手では解決できない、と思った。水源が村より下にあり、ポンプで汲み上げる以外解決方法がなかったからだ。それには膨大な費用がかかる。

ブトゥケという音に漢字を当てはめた。仏化（仏の化身）がいいと思った。仏様の化身の村だ。単純な私の心は、行くのを怠けようとすると、仏様に試されているような気にされ、村人から要望が来ると、仏様に喜んでもらおうと思ったりして、開発がすみやかに進んだ。

幼児教室から始まり、トイレ、子どもたち、そして高等教育の奨学金支給、天水を集めるプロジェクト、バイオガス、若者の心を燃やすバレーボール、衣料支援等々、今振り返っても開発は速かった。
双方の熱意、ヤル気の開発モデルのようなものだ。

ところが5年前、この村に大きな石灰石の鉱脈が発見され、中国に利権が移った。2018年にブトゥケ村の村人は、新天地サルディ村に集団移転することになった。

仏様はどっちへ？

コラム　相思相愛の村3　〜ベテニ村〜

三つ子が生まれたというニュースが入った。
ニュースが私に伝わったということは、
何かできることをして欲しいという要望でもあった。
タンセン市にあるユナイテッド・ミッション・ホスピタルに、
母親と3人の子は入院中だという。
まず我々ができることは資金援助だ。
貧しい家庭とわかって入院費を支援した。

これがきっかけとなり、バハダルプール郡ベテニ村と縁ができた。
一年以内に三つ子のうち二人が死んでしまった。
その後残る一人の様子を見たり、村の様子を見るたびに、問題が明らかになってきた。

小学校が遠いため、村内に幼児教室が欲しいこと。
母親グループが収入を増やすための小口貸付資金が足りていないこと。
大きな水の問題を抱えていること。
電気がきていないため、ソーラーシステムを設置したいこと、等々。

これらの問題は８年かけて、ほとんどすべて実行できた。
あの世へ逝った三つ子のうちの二人が私の心を操り、しばしばベテニ村へ足を運ばせたのかもしれない。
小さな問題と思えるもののなかにも、さまざまな問題を解決する糸口が見つかることもある。

ここベテニ村は三つ子をきっかけに、日本の善意と、村のよりよい将来を思う村人たちの熱意が、次々に互いのエネルギーを呼び寄せ開発が進んだ一つの例である。

『籠に乗る人、担ぐ人、そのまたわらじを作る人』
籠には乗れない、担ぐ役にもなれない、
わらじ作り役に徹したら、その役が楽しくなった。

25年支援し続けてくれた日本の善意、協力、励まし、そして
その奥に、問題を抱えている弱い立場の人々に対する愛があった。

シルワ郡サラダ校の 4 教室が完成した。
2015 年の大地震で崩壊しかかった 4 教室を取り壊し、新築した。支援してくれた団体のメンバー 12 人がオープニングの式に参加した。

学校側は大歓迎をしてくれ、遠く日本から式に参加してくれたことに、最大限の感謝の言葉を用いてありがとうの意を伝えた。日本の代表者たちも、見事に出来上った 4 教室を見、喜んでくれた。

これまでこういう場面を何十回と見せてもらった私は、いつもこんなことを考える。
「この建物は、日本側の善意と村人たちの村の将来を思う熱意で出来上がったもの。そして私は、橋渡し役を演じさせてもらった。この 25 年こうして私は両者のおかげで生かされてきた」と。

ハガキ一枚の力

Fund raising（募金・資金調達）は
ハガキ一枚から。
どう使ったかを報告し、ドナーに喜び満足し
てもらうことから始まる。

手を省いたレポートと、手をかけたレポート。
ドナーはよく見ている。
手をかけたレポートには、次の支援が続く。

支援活動を行うには、どうしても資金がいる。村々が抱えている
問題のほとんどは資金援助で解決できる。私はこの25年ドナー
に対して、たとえハガキ一枚でも出し、レイト報告をすることの
大切さを教えられ続けてきた。

1,000円の寄付に対し、
1,000円以上の喜びをドナーに返すことができれば、
寄付は続く。
一枚のハガキの力を信じる。

毎年父の日にネクタイを買うその代金の中から、1,000円寄附してくださる方がいる。

ある年、その1,000円でネパールの山奥の子どもたち50人に、1冊20円のノートを買ってプレゼントした。
子どもたちがそのノートを高く上げた姿を写真に撮り、ドナーに送った。ドナーは自分の1,000円がこんな形で活かされたと、喜びの手紙を送ってくれた。
それを受け取った私も、さらに嬉しくなり、お礼のハガキを書いた。
小さな喜びのキャッチボールである。

この種の喜びが私を励まして、25年間私を生かしてくれた。私がたくさんの団体、個人の方々から支援金をお預かりできたのは、一見小さく見えるハガキ一枚の力だと信じている。

村人たちにもらったものは？

「何もかもある日本から、何もないネパールへ来て、あなたはここで何を村人たちからもらったの？」

と、村の一人が30人ほどの村人たちの前で私に質問した。

一瞬シーンとなった。

私が答える前に一人の男性がその答えを言ってくれた。

「愛(マヤ)！」

"温かい歓迎""村人たちの協力""喜びを分かち合う幸福感"等々、私がいろいろ答えを探しているとき、村人の一人から出た言葉だった。その言葉はそれらをすべて包括したものだった。この愛を、25年間私はもらい続けてきた。

「どのくらい重くなった？（クディック リサ：マーガル語）」
と私が幼児に向かって両腕を開く。
幼児も両腕を開いて抱かれに来る。
「幸せになれよ」と抱きしめる。
喜びの瞬間である。

一人の少年に私があげた丸い1個のあめ玉を、
彼は石で割り、7人の幼児たちに分けた。
美しく神々しい場面だった。

村人が喜ぶ姿を見ると、
こちらも嬉しくなる。
25年手伝いができた原動力は
こんな単純なことかもしれない。

共に与え、与えられ

バジはどんな時に幸せ？

幸せでいるには、
「ありがとう」と言える心と、
「ありがとう」と言われる行いが
幸せのもと。

"幸せとは" というような大問題に、
「答えはこれだ！」というような結論を出す資格は、私にはない。
すでにその解答は古今東西の偉人、賢人が言い終えているのだろう。
結局一人ひとりの心の問題のようだ。

みじめな金持ち。
幸せな貧乏人。
もし幸せな金持ちになれなければ、後者がいい。

私が山道を一人歩いていた。水牛の餌にする草を木に登って切り落としている少年が、木の上から「ナマステ！OKバジ」と声を掛けてくれる。自分を忘れないでいてくれた、受け入れられている喜びと安心感。
それらが幸せをくれる。I love you. と言われているような嬉しさ、だ。

毎年、日本で70日間の滞在を終えカトマンズに戻る。機のタイヤがカトマンズ空港の滑走路にドスンと降りる。このとき、例外なく幸せを感じる。無事戻った安堵感。滞りなくすべてを終えた成就感。するべきことをやり遂げた後の幸福感なのだろう。
"ドスン"は、最高のごほうびだ。

高2から大学4年までの6年間、日本の奨学金で育った学生が大学を卒業し、仕事に就く。准看護師、助産師、教員、INGOのスタッフ、医者として活躍している。その頼もしい姿が美しく私に幸せをくれる。
このように少年の純朴な心に、幸福感を与えられ、大学を終えて就職した若者たちの頼もしさに幸福を感じ、それらにありがとうと手を合わせたくなる。
小さなことに「ありがとう」と言え、「ありがとう」と言ってもらえるような喜びを与えることが幸せに繋がるのだろう。

コラム　幸せを感じるとき

この25年間私が幸せと感じ、感じさせてくれることを少しだけ列記してみると――。

- 2週間、3週間の村巡りを終え、わが家のあるドリマラ村に戻り、ベッドにどっかりと腰を降ろしたとき。
- ドリマラ村で体を休めているときの一杯のインスタントコーヒー。
- 一つの事業が完成し、村人たちとその事業の苦労話をするとき。
- 懸案の事業に予算がついたとき。
- 村巡りの一日が終り、寝袋に足を突っ込むとき、充実感、達成感、安堵が入り交じった幸福感を感じさせてくれる。
- 日本でもネパールでも待っていてくれる人がいた、と実感できたとき。
- ヤル気と元気があるとき。

一人ひとりが知恵を働かせ、original brandの幸せを見つけてくれるといい。

"今"の中に幸せを
If you are not happy now, you may never be.

すべて揃っているのに、薄い幸福感。
ほとんど何もないのに濃い幸福感。
幸せには、あまり多くはいらない。

If you are not happy now, you may never be.
(「今幸せでなかったら、一生だめかも」と教えてくれる文だ)
幸せは心の持ち方一つなのだろう。

何かのきっかけがあってこの言葉が頭に残ったわけではない。
むしろこの言葉を、自分の生き方の甘さの戒めの一つになるとよいと思い、心に残したような気がする。

これまでの自分を顧みると、
「もしこうだったら」とか、「もしこれがあれば」とか、
"もし"という言葉を前提に、幸せを求めてきたように思った。
そんな幸せの求め方をこれからも続けていくとしたら、
幸せが見つかる前に人生が終わってしまう、と思っただけだ。
今の中に幸せを見つける努力をしたほうが、賢そうだと思った。

今、自分に与えられているものを好きになる努力をすることで、
幸せが手に入るような気がする。

コラム　金に目が向く

ドリマラ村に私が住み始めた25年前、金はあまり必要ではなかった。貧しく、かなりの世帯がぎりぎりではあっても、自給自足の生活をしていた。誰かが新しく家を建てると、村人たちが無償で手伝い、手伝った人に依頼主は食事をご馳走するだけ。互いに持ちつ持たれつの関係だった。

車の通る道ができ、物流が活発になり始めた頃から、金によるやりとりが増えてきた。そしていつからか、働く人を金で雇うようになった。

今は金がないと建物はできない。労働力はすべて金に換算されて支払われる。

当然のことながら、金に人々の目が向いた。金を稼ぐためにまずインドへ、足りなければ外国まで足を延ばす。

私がドリマラ村で住み始めた当時、外国まで出稼ぎに行った村人は、ほんの数人だった。

その人たちが2年、3年と外国で金を稼ぎ、ネパールに帰って家を新築する。

それを見て比較が始まった。それからは我も我もと外国に目が向いた。マレーシア、サウジアラビア、カタール等へ出稼ぎに行く。

今ドリマラ村では、78世帯中62人が外国で働いている。

コラム　3品目と30品目

1日30品目、病気のもと？
1日3品目、健康のもと。これ暴論？

私がこの25年ネパールの山奥で食べてきたものはネパール食のダル、バート、タルカリーという豆のスープとごはんと野菜カレーだ。3品目に過ぎないけれどとくに栄養失調症になって入院したことはない。

村人たちの食生活はもっと貧弱なところもあるけれど、40kg、50kgの荷を担ぐ。

バランスよく食べるとなると30品目もいるのだろうか。栄養過多で病になることもあるようだ。

私自身普段は粗食だけれど、独断の栄養学を持っている。いい空気、いい水、よく笑い、よく歩き、ストレスを持たない、だ。この五大栄養素でどこまで健康を保てるだろうか。

がんばらない、でも続ける

支援で大切なことの一つは、
"がんばらない" ということだ。
燃え尽きないために。
私は25年間、がんばらないオヤジだった。

時を待つ

目の前にある小さな問題を解決しようと、
できることを、できるときにさせてもらった。
一度も無理をすることなく、時を待った。
そんな問題がいつか解決していた。
その原動力は、
草の根の人々の自分の村への
熱い思いと愛だったのだろう。

世の中には、強じんな精神でがんばり続け、事を成し遂げる人もたくさんいるだろう。
けれども凡人の私は、がんばり続けることはできず、
「がんばらない、でも続けよう」と決めていた。

ネパールにいる自分にとって、一番苦手なのが、日本からの期限付き支援だ。
こちら側が用意周到に準備し、それこそがんばっても、日本とはまるで性質の違う時の流れの中で生活している村人たちには、理解してもらえず、うまく事が運ばないのは珍しくない。
そこで私は、「がんばらない、でもあきらめない」と決めた。
できることをがんばらずに、こつこつと楽しむようにやり続ける。そのうちに周りの事情が変わり、事をうまく運ぶきっかけができてくるものだ。焦ることもない。
そんなのんきさがネパールで身についてきた。

もしがんばり続けていたら、自分のような凡人は燃え尽き、OKバジの成れの果てが、日本のどこかで寝袋を担いでさまよっているかもしれない。

「がんばらない、でも続ける」
これは今でも自分への教訓として生きている。

喜びの連鎖

世界に憎しみの連鎖があれば、
支援には喜びの連鎖があると信じよう。
支援とは支援者と村人が喜び合うだけでなく、
喜びの連鎖を起こし、
さらに喜びの輪を広げることである。

水が来た。村人が喜ぶ顔。
新校舎が出来た。子どもたちの歓声。
じゃがいもが豊作で、たっぷりもうけた。女性グループの笑顔。
病気が治った。元気になって駆け回る子の姿。
どれも私を幸せにしてくれる。
利他のようで利己だ。

日本の中学生たちがじゃがいもを栽培し、それを売った資金をネパールに支援してくれている。この話をネパールのあちこちの学校でした。
タンセン市にある学校では、この話を聞いて間もなく、狭い校庭の片隅に菜っ葉を植え、100円の収入を得た。初めての収入に子どもたちは興奮した。

ランプール市の学校では、校庭にニンニクを植え2,000円の収入を得た。
日本の善意に触発され、自分たちもできると行動を起こしたことが、私を喜ばせてくれた。
まさに「あるもので、今から　ここから　自分から」
小さな行動を起こすことだ。

1個の白いボールに輝く若者のまなざし、踊る心、しなやかな身体、歓声が飛び交う神々しいヒマラヤの山々を背景にボールが舞う。
美しい光景だ。善意のバレーボール1個。
No Help is small.（どんな小さなことでも役立つ。役立つことに小さいということはない）である。

叫びへの支援

英語しか使えなかったときは、校舎、奨学金、
コンピューターなどの申請が耳に入った。
ネパール語が使えるようになってから、
病人、怪我、飲料水などの申請がきた。

前者は要望（request）、後者は叫び（cries）に聞こえた。
cries のほうに物言えぬ人（教育を受けられない人、権利を訴えることができない人）が多い。
そこにも格差がある。

支援は子育て

支援を行うとき、村人を信じて任せられる
環境作りを整えられたら、しめたものだ。
支援は子育て。よちよち歩きの間は手を貸そう。
そのうち自立した頼もしい姿を見せてくれる。

いつか立派に育った我が子に、
拍手を贈りたい。

教育の力

村の自立にもっとも遅いようで早い道は教育だ。

年間10,000円の大学生への奨学金で、奨学生たちは自分の人生の方向を変えた。
彼らはこれから村を変え、地域を変える原動力になる。

25年前、私が村に住み始めた頃、会合に出席したのは男性だけ。
後に、女性が参加しても、発言するのは男性だけ。
そして今、女性の参加者が増え、発言もする。
明るい未来を感じさせてくれる。

25年前、村々を歩いていたとき、どこの村もあれがない、これが欲しいと支援のすべてを要望するだけだった。
そのうち県や郡から補助金を引き出せる力がつき、足りない部分だけの要望に変わった。
さらに後になると、事業予算の中に、自分たちで集めた資金も投入できるようになってきた。
そして最近は、日本や他国の支援ではなく、ネパール政府と自分たち自らの資金で、水のプロジェクトや校舎のプロジェクトを行うようになってきている。
こうしていつか、各村々が自らの力で、各自治体と協力して自立していく日が来ると期待している。

ものを考える力も、県や郡と交渉を重ねる力も、一つの目標に向かって村の考えをまとめ自治体に訴えていく力も、皆、教育のおかげなのだろう。
25年村々での教育の普及と自立の姿を追いかけて実感した。

諸々の収入向上計画

2016年から、収入向上のためのプログラムに我々は力を入れている。

①コーヒー

ジャミレ郡ロルダバス村。そこにガガン・シン・タパという中年の男性がいる。コーヒーを手掛けて20年。かなりの収入を得ているようだ。彼の助言で、ロルダバス村28世帯、全世帯に1世帯250本ずつ苗を植えた。6年前のことだ。今年初めて、わずかながらでもコーヒー豆を出荷することができた。いつか各家庭の収入源になり、少しでも経済的に潤ってくれることを期待している。他の村々でも同じことができるだろう。

②じゃがいも

2015年ジルバース郡ラーベット（Labet）村から申請があった。村の集会所が欲しいという。
建物のために20万円必要だった。私は女性グループにこう持ちかけた。5万円を無利息で1年貸すから、村全体でじゃがいもを植え、どのくらいの収入になるか一度がんばってみてほしい。
これはうまくいった。

4ヵ月で15万円ほどになり、5万円を返済してくれた。残り10万円では足りないため、さらにもう一度同じようにじゃがいもを植えた。今度は12万円の収入になった。合計で22万円が2年間で自分たちの資金になった。

これを用いて、小さいながら幼児教室兼ミーティングホールが出来上がった。成功例である。

この話がこのあたり一帯に広まり、2017年には44村でじゃがいも栽培を行った。

心配した通り、値崩れが起きてしまった。

しかし、ラーベットのように収益は得られなかったけれど、村々の女性はいろいろな教訓を得たと喜んでくれた。

それは、一つの目標に向けて行動を起こすことで、村がまとまったこと。互いに意見を述べ合い、互いをよりよく知ることができたこと。集団活動の面白さと難しさを学べたこと。

これから先の集団活動の可能性を知ったこと。など副産物があったと報告があった。これからも折に触れてやりたいとのことだった。村人たちのヤルゾ！ に備え、投資資金をいつでも用意していたい。そのヤルゾ！ に手助けできる喜びを味わわせてくれるだろう。

③ソーラー

東パルパ地方の総人口の何割に、ネパール政府による電気が届いているかわからない。けれど、日本からの資金援助で、私が廻っている村々では、私を通してかなりの世帯にソーラーシステムが設置されている。
今普通の家庭で使っているソーラーシステムは20W（ワット）で、7W のバルブを3コ用い、3部屋を明るくする。
このシステムを申請に来る村人たちはよくこう言ってくる。
「子どもたちが勉強するために」と。
ほんとう？　と半分疑いながらも OK を出している。
20W のシステムは 15,000 円。そのうち 5,000 円は自分で努力し、後の 10,000 円を無利息で 2 年間貸している。これを 1 年間 5,000 円ずつ返済してくれる。

村人たちの電気に対する願望はかなり強い。

村々で、「君たちにとって開発って何？」と聞くと、ほとんどがすかさず「道路と電気」と答える。

子どもが欲しがる前に、おそらく大人が、携帯の充電のためにソーラーを欲しがっていたようだ。

一つ7Wでも、LEDなのでかなり明るく満足しているようだ。また、政府からの電気は停電が多いので、両方とも備えている家庭も多くなってきた。

私はこの10,000円の貸し付けを行うとき、各村にある女性グループに任せている。彼女たちにはきめ細かさと強い責任感がある。そして優しいけれど取り立てには厳しく、これまで返済が滞った村はない。

④バイオガス

私が廻る地域では、バイオガスはエネルギー革命といえるほどの大きな意味を持っている。
一基造るのに 60,000 円ぐらいかかる。
このうちネパール政府から補助金が、現物支給（パイプ、鉄筋、便器、その他の備品）で支援される。約 35,000 円相当のものだという。残りの 25,000 円のうち、日本から 15,000 円、残りの 10,000 円を村人が負担する。

このあたりでは、森へ薪を拾いに行くのが年々遠くなり、往復 4 時間という重労働を強いられている村も出てきている。しかも帰りは 30kg 〜 60kg の薪を背負う。
この事実を知って、8 年前にバイオガス設置プログラムを開始した。

バイオガスを設置すれば、重労働からの解放という大きな利点だけでなく、森林保護にも繋がる。
さらに、液肥と呼んでいる上澄みの液体が外に排出されてくる。これが絶好の肥料になるとのことだ。おまけにマッチ一本で火が付くことで、不意の来客にもすぐに茶や軽食をサービスできると、女性たちの人気は最高だ。夢のようだと呟いた女性もいた。
私を通して日本からの支援で、これまで400基以上のバイオガス・トイレ支援ができた。これからも年々要望が増していくだろう。
作りが単純なので故障が少なく、正しい使い方をすれば、20年、30年もつという。
女性の重労働を一人でも解放してあげようという、心の優しい方。
一基ネパールの山奥にバイオガス支援はいかがですか。
喜びますよ。

⑤植林

もっと早く気付くべきだったプログラムに、植林がある。
この数年、村人たちの要望で植林をすることが多くなった。
村々によって地理的条件が異なるので、専門家に相談している。
今この東パルパ地方で、最も人気のあるのは、アムリッソと呼んでいるすすきのような植物だ。ほうき草と言っていいのだろう。
根は竹のようによく張り土留めになり、葉は笹に似ていて家畜の餌になり、上部のすすきのような穂の部分は、そのままでもほうきにして製品としても売れる。
国連からの指導も入り、ひととき大成功のように思えたけれど、我も我もアムリッソ、アムリッソと、パルパ中ほうきの山になってしまった。
4年前から過剰供給で値崩れが起こり、数年前アムリッソから収入を得ていた村人たちの笑いは、今は苦笑いだ。
一方、あなたも私もアムリッソ、とやっていた頃、値崩れを予想したわけではないだろうけれど、コーヒーを植え、バナナを植え、シナモンを植えた村々があった。
さてその結果は？
これからのお楽しみである。

⑥奨学金プログラム

奨学金支給プログラムは、人を育てることの意義と大切さ、そして喜びを実感させてくれる大事なプログラムだと、思うようになった。今行なっている奨学金プログラムは、小学生から大学生まである。

[小学生、中学生に対する奨学金支給プログラム（高一も含む）]
この20年ずっと続いているジョラ基金と名付けた奨学基金がある。ジョラとは袋とかカバンの意味だ。学校または女性グループに5万円～10万円を預け、自分の村の村人たちに年利18％から24％で回してもらい、その利息で子どもたちに文具の支援をする。
一度預ければ、学校も女性グループもしっかりと帳簿をつけ、運用してくれているので、いつも頭の下がる思いでいる。
私が逝った後もずっとこの基金は残る。

[高2以上の学生たちに]
SEEと呼んでいる国の統一テストを高一で受ける。それに合格すると、さらに高等教育を受けるチャンスをもらう。
このとき、いつも問題になるのが女子学生の進学だ。ほとんどの家庭で、今でも男子優先で教育を受けさせる考えが強いため、女子が経済的理由で高等教育を受けるチャンスがなくなることがある。
こんな女子学生を対象に、日本からの奨学金支援を行なっている。

支援の極意　呼び水支援

バラマキ支援は乞食をつくると言われた。
今は、生じている問題解決のためにちょっと手を貸し、希望を生み出す支援をしている。
これを呼び水支援と名付けた。

自分の弟、妹に食べさせる米がない、と泣いている少年がいた。腹がパンパンに膨れ、歩くのも息絶え絶えの心臓に欠陥のある少年がいた。寒さの中、麻袋にくるまり、体を縮めて寝ている子どもがいた。毎朝毎夕1時間かけて、20ℓの水を確保していた村人たちがいた。
こんな状況を目の前にして、大変だろう、かわいそうにと、ただ単純に同情支援を始めたのが25年前だった。
何年この種の支援をしただろう。
「バラマキ支援だ、自己満足にすぎない」
と言う人がいても気にならなかった。
夢中だったのだろう。
ただ目の前で苦しんでいる人たちに手を貸し続けた。

次々に村々を訪れ、村人たちと交流しているうちに、いつしか互いに求め合っていた。それは惚れ合い、惚れた弱みの支援だった。
少々事業が遅くなっても、出来が悪くても、失敗があっても、あばたもえくぼになり、許し合ったこともあった。
こうして一村一村、村から村へと歩きながら、御用聞きのように「あなたたち、今困っていることはなんですか」と尋ねては、それに応えた。
そして今やっと、村々は力をつけ、自分たちにできることは最大限してください、と頼めるようになってきている。
たとえるなら、14、5歳の少年が家の手伝いをできるようになった状況だろうか。
この頃は、「私たちは一部手を貸すだけだよ」と言って、相手の参加を最大限まで求められるようになっている。
これを私は呼び水支援と言っている。

これから先はいよいよ自分たちだけで、と頼もしく成長した姿を見せてくれるだろう。その姿を、昔のよちよち歩きの時代を思い出しながら、楽しませてもらおう。

コラム　居住ヴィザ (residential visa) 取得作戦

決めたら即実行するネパール人がいる。
彼には「あとで」という言葉はない。
私の弱さに気づかせてくれた。

46歳の男性S氏。タンセンの公立学校の副校長をしている。彼のおかげで私は居住ビザ（residential visa)を取得することができた。

彼と知り合ったのは2013年のこと。彼に今困っていることはないかと問われ、率直にヴィザの取得の面倒くささを話した。

たまたま2014年の4月、カトマンズの教育省から、S氏の学校を視察するためにお役人が来た。S氏の学校の、日本の支援でできた立派な校舎に感銘を受けたらしい。この建物が出来上がった経緯の一部始終を、S氏はその役人に話した。

私の名をS氏から聞いたその役人は即、「OK Bajiに会いたい」と言ってくれたらしい。

私は毎日寝床が変わる生活をしているため、ほとんどの人が私の居場所を知らない。しかも、そのお役人は翌日にはカトマンズへ戻るという。

Ｓ氏はあちこちへとTELし、やっと私の居場所を突き止めた。私はビルコットという村の近くをモーターサイクルに乗せてもらい、走行中だった。ビルコット村というのは、お役人が宿泊したタンセン市から車で一時間ほどのところにある。Ｓ氏の押しの強さで、私は否応なくタンセンへ行くことになった。
　カトマンズの教育省のお偉いさんが、わざわざこのじいさんに会ってくれる。ことによると、何かいい事でも？　とちょっと下心を抱きながら、迎えに来てくれたＳ氏のモーターサイクルの後部に乗り、タンセンに夕刻に着いた。翌日、そのお役人Ｄさんにわずか15分間だけ会った。彼曰く「自分にできるだけのことはする。政府の規則に従って」と。
　それから1年、Ｓ氏の強引さに私は引き回されながら、カトマンズへ行ったり来たりした。
　そのつど彼もついてきてくれた。カトマンズまでローカルバス片道9時間の旅だ。居住ヴィザ取得作戦は1年かかって終わった。その間のお役人の温かい協力は忘れられない。それまで20年、誰にもできなかった作戦を、Ｓ氏は誠意、押し、即実行、情熱を武器に勝利に導いた。
　彼には「あとで」とか「そのうち」とか「明日」という言葉はない。

25年という年月

国際協力、国際理解、国際支援というと、難しく聞こえる。
私はこの25年間、
「国際」を「人間」に置き換えさせてもらった。

一人の幼児を抱き上げ、「高い高い」をした。
「この子の父親は誰？」と私。
「モハン」という答えが返ってきた。
モハンは昔よく私が「高い高い」をした幼児だった。
ここにも25年の時の経過があった。

ガス　バース　カパース（ネパール語：食・住・居）
に医を加えたものが私の支援の中心だった 25 年前。
今はこれに文明がプラスされた。
コンピューターがその一つだ。
これが正しいかどうかが、今はわからない。

開発をどこまで手伝うか、
とあれこれ考えず、
「衣食住＋医」までと
割り切れると気が楽だ。

水で始まった支援。
よろずやのように、何でも手を貸し、協力し合った。
そして 25 年経った今、
また水に戻るような気がしている。

どの段階の開発まで手を貸すか。
25 年経った今も、結論は出ていない。

記録は残すものではなく残るもの

記録は残すものではなく、残るもの。
望ましい「実績」は、村人の心の中に残っていく。

「OKバジを通して、これまでどんな支援がパルパに入ったか、記録が全くない」
とパルパの役人、そしてジャーナリストからよく言われる。ここで活動をしている他のINGOは毎年、活動記録を立派な冊子にして配布しているのだろう。私はこういう冊子を作れ、と色々な人に言われる。できないことはないけれど、かなりの労力と金がかかりそうだ。
ただいつも思うけれど、こうして労力と金をかけてできた立派な冊子を、どのくらいの人たちが、どのくらい深い関心を持って見、読んでくれるか疑問に思ってしまう。
誤解を招くかもしれないが、私は記録は残すものでなく、残るものと思っている。

日本からの善意が正しく活かされ、村人に喜ばれれば、必ずその事業は村人の心の中に残るものだ。村人の親から子に、子から孫に、ことによるとこんな話が語られるかもしれない。
「昔、OKバジという爺さんがいてなあ。この学校を建てる資金をくれてさ。俺たち、がんばったんだぜ……」と。
そしてまた次の代に、心に残った事実が伝われば。
これで立派に記録が残ったことになり、本望である。

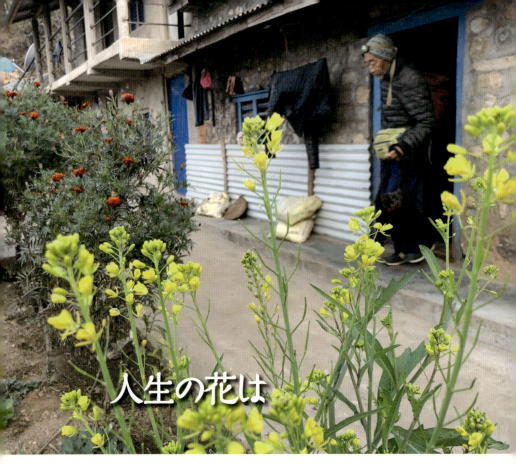

人生の花は

誰にでも何にでも手を合わせることができればなあ、と思うことがある。
あの世に逝くまでに、そうなれるだろうか？

今80歳。
『人生の花はいつも今』もいい。でも、
『人生の花はいつもこれから』もいい。

今一番欲しいものは、
やる気、元気、気力、体力だ。
これがあれば何かできそうな気がする。

ネパールの山奥で生まれたＯＫバジはまだ 25 歳。これからだ。
ネパールの山奥で演じてきた私の役に、
神が幕を降ろすとしたら、まだ降りてこないはずだ。
支援の失敗や後悔を償う場面が残っている。

Young Nepal

「OKバジの後継者を育てたら？」
という提案が時々ある。
支援は子育てと思い始めてから、
父親は二人はいらない、と思うようになった。

25年前のネパールは、人間で言えば、ほとんどよちよち歩きの幼児のようだった。見るだけで手を貸したくなる状況だった。水は遠い、トイレはない、電気はない、車の通る道もない。ないないづくしの村々だったから、小さな支援にも喜んでくれた。
その幼児たちも、成長の早い子もいれば奥手の子もいる。それでも、着実に育ち自立していく村々の姿は私の目を細めさせ、喜びを感じさせてくれる。
数年後には、このあたりの村々から"No more OK Baji"の声が聞こえてくるかもしれない。私の人生の最終章を意味あるものにしてくれた人々に、そして、村々に感謝しながら、頼もしく成長した姿をじっくりと見せてもらおう。
Young Nepalはこれからだ。

あるとき、
眼下の美しいのどかな田園風景を見ながら、
ふと呟いた。
結局人間は、快食、快眠、快便があれば、
幸せでいられるのかな？

あとがき

　ネパールの山奥での25年間を振り返り、今思うことが二つあります。
　一つは、この25年、日本から資金援助を継続していただいただけでなく、たくさんの団体、個人の皆様から温かい便りをいただき、私の心の支え、大きな励ましになり、続けてきたことです。
　そして二つ目は、いくつかの例外はあったにせよ、ネパールの山奥の村人たちの、正直誠意ある協力、さらに自分たちの村を少しでもよくしたいという熱意でした。
　この二つのおかげで、私はこの25年、ネパールの山奥で生かされてきたことを、心からありがたく思っています。

　ネパールは新憲法が制定されて3年になります。
　新憲法のもと、制定された7つの州は、各州独自の方法で開発に向かって動き始めました。
　私が日々廻っているパルパ郡の村々にも開発が次々に届き始めました。

とくに道路建設の速さは、この25年間、見たこともないスピードで進んでいます。道路だけではなく、教育、水の問題にもかなりのスピードで開発事業が進んでいます。
政治はこれまでよりずっと民衆に近づいているような気がします。

Young Nepal はいよいよ動き始めました。これから先5年、どんなネパールに育ってくれるのか楽しみにしています。

今回私が山奥で見、感じ、体験したことを書き留め、それをサンパティック・カフェ代表の藤崎さよりさん、編集を担当の藤崎杏里さんが、『からっぽがいい』としてまとめ、出版してくださいました。

心からお礼申し上げます。ありがとうございました。

  2019年6月 80歳の誕生日を迎えて

              垣見　一雅

垣見　一雅（かきみ　かずまさ）

1939年東京生まれ。早稲田大学商学部卒業。1993年より単身ネパールのパルパ郡ドリマラ村に住み、村人たちが建ててくれた6畳一間の館を拠点に日本からの善意をネパールへ届けるパイプ役となる。年間200日以上村々を巡り、「OK,OK」と草の根支援活動を続けるうちに村人たちから『OKバジ（おじいちゃん）』と呼ばれるようになる。その活動に共感し、支援する団体・個人の数は200以上。毎年1回日本へ帰国し、支援者への報告を行う。
1997年ネパール国王から「ゴルカダッチンハウ勲四等勲章」受勲
2009年吉川英治文化賞、2015年ヘルシー・ソサイエティ賞　他

著書　『OKバジ』（サンパティック・カフェ）
関連書籍『道を楽しむ』（桜井ひろ子著／サンパティック・カフェ）

◎写真　　　　　垣見一雅／サンパティック・カフェ
◎写真提供　　　波入仁一（P.4、10、12、14、26、30、39右、45、80下、90、93）
◎編集・デザイン　藤崎杏里

からっぽがいい
ネパールの山奥を歩き続けたリュック一つのNGO、OKバジ

2019年7月15日　初版発行

著　者　　垣見　一雅
発行者　　藤崎　さより
発行所　　㈱サンパティック・カフェ
　　　　　〒359-0042 埼玉県所沢市並木7-1-13-102
　　　　　TEL 04-2937-6660　FAX 04-2937-6661
　　　　　E-mail : sympa.cafe@gmail.com

発売元　　㈱星雲社
　　　　　〒112-0005 東京都文京区水道1-3-30
　　　　　TEL 03-3868-3270　FAX 03-3868-6588

　　　　　　　　　　　印刷・製本　シナノ書籍印刷㈱
　　　　　　　　　　　ISBN978-4-434-26308-8　C0095

本書のコピー、スキャン、デジタル化等の無断複製は
著作権法上の例外を除き禁じられています。